PAROLES

PRONONCÉES AUX FUNÉRAILLES

DE M. L'ABBÉ

CONSTANT-PROSPER GRÉSELY

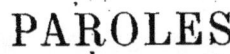

Curé de Mont-le-Franois

LORS DE SON INHUMATION EN SON PAYS, FONTENOY-LA-VILLE

LE 14 JUIN 1881

PAR

L'ABBÉ H. RIGNY

CURÉ DE VAUVILLERS

CHANOINE HONORAIRE DE NIMES

BESANÇON

IMPRIMERIE ET LITHOGRAPHIE DE J. JACQUIN

Grande-Rue, 15, à la Vieille-Intendance

1881

PAROLES

PRONONCÉES AUX FUNÉRAILLES

DE M. L'ABBÉ

CONSTANT-PROSPER GRÉSELY

Curé de Mont-le-Franois

LORS DE SON INHUMATION EN SON PAYS, FONTENOY-LA-VILLE

LE 14 JUIN 1881

PAR

L'ABBÉ H. RIGNY

CURÉ DE VAUVILLERS

CHANOINE HONORAIRE DE NIMES

BESANÇON

IMPRIMERIE ET LITHOGRAPHIE DE J. JACQUIN

Grande-Rue, 14, à la Vieille-Intendance

1881

PAROLES

PRONONCÉES AUX FUNÉRAILLES

DE

M. L'ABBÉ CONSTANT-PROSPER GRÉSELY

Curé de Mont-le-Franois

Zelus domus tuæ comedit me.
Le zèle pour votre demeure a été la passion de mon âme. (*Ps.* 68.)

Mes Frères,

Il y a huit mois à peine, je montais dans cette chaire pour honorer les prémices du sacerdoce dans un jeune prêtre dont la famille a pris naissance en cette paroisse. Tout redisait l'allégresse et l'espérance. Qui eût songé alors que je reviendrais sitôt en ce sanctuaire pour pleurer avec vous sur la mort d'un enfant du pays, d'un prêtre du Seigneur, et lui dire avec vous ce mot si triste toujours : *Adieu!*

Mais ce n'était point à moi de venir verser sur ce cercueil des larmes et des prières ; c'était à vous, pasteur ancien et toujours vénéré de cette paroisse (1), à vous, qui avez encouragé, soutenu dans le chemin qui conduit à l'autel, ce lévite, cet ami, qui dort maintenant son dernier sommeil. Ah ! je comprends votre silence : en vous l'émotion aurait dominé le courage, les sanglots auraient éteint la voix : un père peut-il redire les qualités, la

---

(1) M. Joram, curé de Fontaine-lez-Luxeuil.

vie, les travaux d'un fils bien-aimé, lorsqu'il a sous les yeux le cercueil qui le cache à sa vue ?

Comment adresser moi-même cet adieu, mes frères ? Mais ces tentures de deuil, emblèmes de la douleur, ne crient-elles pas bien haut : *Adieu, adieu!* Ces fleurs, ces roses, il faut les nommer, ne parlent-elles pas de la vanité, de la brièveté de la vie ? Nous vivons

..... Ce que vivent les roses,
L'espace d'un matin.

Ces voiles blancs, symboles de l'innocence, de la pureté du cœur sacerdotal ; ces flambeaux, dont la lumière rappelle l'immortalité de notre âme ; ces confrères, amis ou condisciples, venus de toutes parts ; ces parents en larmes, cette foule émue, tout ce spectacle ne dit-il pas avec éloquence que nous avons perdu un prêtre digne de notre douleur et de nos regrets ? O pensée amère, c'est pour la dernière fois que nous voyons cet autre berceau de la tombe, qui cache dans son affreuse et étroite enceinte des traits chéris touchés par la mort : encore une heure, et la terre renfermera ces restes inanimés ; mais avant ce dernier instant, avant cette dernière angoisse, rappelons une vie, des exemples et des œuvres qui nous rediront à tous les joies et les douleurs du sacerdoce.

I.

Constant-Prosper Grésely naquit le 9 septembre 1822 en cette terre bénie, terre de foi et de dévouement, et plusieurs de ceux qui m'entendent pourraient montrer la place où fut son berceau. Il se distingua de bonne heure au milieu de ses frères et de ses sœurs par la vivacité de ses allures et les saillies de son esprit. Il fut élevé à bonne école. Son père, qui aimait à chanter ici même les louanges du Seigneur, voulut que ce fils de prédilection les chantât aussi, mais plus près de l'autel. Ce père, je viens de le nommer; hélas! quel triste souvenir! Qu'il est affreux de tomber sur la terre glacée, dans la nuit et la solitude, quand la neige couvre la terre, d'appeler au secours, de lutter en vain contre la mort qui s'approche avec toutes ses horreurs. Le secours, il ne vient pas; le mourant ne peut voir accourir que les anges du ciel, guidant aux parvis sacrés l'âme résignée qui a dit : Que votre volonté soit faite, mon Dieu !

Ah ! je vous vois, mon cher ami, dans l'amertume de votre douleur, surmontant l'effroi naturel à la jeunesse; je vous vois au milieu des ombres de la nuit dans cette solitude ; je vous entends pleurer et crier à Dieu en ce lieu même où mourut votre père : je le comprends : la mère qui a perdu son enfant, où le pleure-t-elle davantage, si ce n'est sur son berceau? Hélas! dans cette famille comme en beaucoup d'autres, voici que la douleur est héréditaire. De huit enfants, il n'en reste plus que deux; que dis-je, vous êtes mort, mon cher confrère, je ne vois plus qu'une sœur chérie, que les larmes ont vieillie avant le temps, et qui a pleuré deux fois plus que son fils, ce fils qui a perdu une épouse bien-aimée, qui a perdu une fille à laquelle il avait dit tant de fois : « Tu me rappelles ta pauvre mère. »

Cependant le désir du père qui n'est plus excite toujours le fils dans la voie déjà commencée. Luxeuil, cette maison si fameuse par la jeunesse qui y a rencontré les premiers charmes de la gloire et la beauté de la vertu, compte le jeune Prosper parmi ses élèves. A seize ans, celui-ci semble vouloir unir à la franchise comtoise la finesse lorraine, et le séminaire de Châtel le voit continuant ses études et gardant, là comme à Luxeuil, le rang que donnent la facilité et le travail. Mais il revient bientôt à ses premières affections ; on le retrouve à Vesoul, en philosophie, et là, dans une classe qui comptait tant d'esprits d'élite, où l'on signalait les noms de l'abbé Reymond, mort missionnaire à Sierra-Leone ; de l'abbé Chaudey, cher à tous ; du supérieur de Marnay ; du curé de Villars, lequel n'eut pas besoin de maître pour conquérir les palmes du baccalauréat, là, dis-je, s'il fallait placer quelqu'un au premier rang, on devait hésiter, le jeune

Prosper avait l'estime de son maître, il en avait plus encore gagné le cœur, et si la maladie n'eût brisé les cordes de la lyre de ce maître, avec quelle tendresse ne vous dirait-il pas aujourd'hui les qualités de son élève préféré !

L'heure de la décision approche. Constant-Prosper a vingt ans. C'est à cet âge que l'on sent la vie comme surabonder dans tout son être. C'est le temps des rêves et trop souvent des illusions. En avant ! dit le monde, choisissez une carrière glorieuse, la gloire viendra vous couronner ; saisissez l'épée, vous serez bientôt au premier rang ; asseyez-vous parmi les magistrats, votre réputation vous donnera la fortune et les honneurs. Non, dit le jeune homme, qui du regard de la foi a vu l'avenir, il y aura toujours assez d'épées dans le monde ; ce qu'il lui faut, au monde, c'est le soldat de la vérité, de l'Evangile ; il y aura assez de magistrats pour peser les pâles humains, il lui faut des juges qui pardonnent aux coupables et rendent la paix et le courage aux âmes troublées et abattues. Mais quoi ! n'est-il pas naturel de suivre les sentiments de son cœur, de dresser sa tente pour y partager avec un autre soi-même une vie toute de joie et d'espérance ? Non, la joie passe comme l'herbe des champs, il faut comprimer les battements de son cœur et dire à Dieu : Ce que je veux aimer, c'est votre service, votre gloire : *zelus domus tuæ comedit me*; ce sont les âmes que vous avez rachetées de votre sang. Alors l'hésitation devient un choix ; le choix, c'est l'obéissance à l'appel du Seigneur, et Dieu dit : « Soyez mon ministre. » Aussi Constant-Prosper Grésely entre au grand séminaire et reçoit les livrées de la cléricature.

Les troubles de 1848 ne changent rien à ses résolutions, et c'est dans cette année même qu'il fait ce pas redoutable, engagement de toute la vie, et qu'il se couche sur le pavé du sanctuaire. Ah ! si vous pouviez demeurer là et mourir au pied de l'autel, jeune homme au cœur ardent, le monde vous oublierait, vous éviteriez les sarcasmes de l'impiété : mais non, vous vous relevez, prêt à combattre le bon combat, ne comptant ni les audaces ni le nombre des ennemis de la vérité. L'année suivante, l'enfant de Fontenois est prêtre du Seigneur pour l'éternité. Quelle fête alors dans cette paroisse, et comme le souvenir en est vivant encore ! Deux prêtres, deux pasteurs de vos âmes, l'accompagnent à l'autel : l'un, M. Hêble (1), qui, non content d'avoir, dans ce champ qui lui avait été confié, fait croître ces fleurs délicates de la piété qui gardent je ne sais quel parfum du cloître, avait pressenti et soutenu la vocation du jeune prêtre; l'autre, M. Joram, qui l'avait encouragée et menée à bonne fin, et qui pouvait dire à son prédécesseur, en lui montrant et le prêtre à l'autel et toute la paroisse : Voyez comme Dieu nous a bénis tous deux. C'était vrai, car tous deux partageaient la même joie et s'unissaient, en ce jour, par les mêmes vœux pour celui que maintenant nous pleurons

Le voilà armé pour le combat, et c'est à Faucogney que comme vicaire il exerce d'abord son zèle. Il instruit les enfants, il parcourt les sentiers les plus ardus pour porter aux pauvres l'aumône, aux malades la consolation. M. l'abbé Grésely accomplit toutes ces œuvres avec l'entrain de son âge et de son caractère, et bientôt il conquiert une autorité qui n'a d'égale que sa popularité, popularité que son nom garde encore sous les toits de chaume qui se cachent dans les replis des collines.

Là, il était guidé et soutenu par un pasteur vénéré; mais voici que la Providence lui donne, à lui seul, un coin de la vigne à cultiver; le voilà dans une paroisse. J'ai dit une, c'est trois paroisses qu'il eût fallu nommer: Frânois, Mont, Achey, se partageront tour à tour, ou plutôt toutes à la fois, ses travaux et sa sollicitude. Il trouve dans ce pays trois églises, dont l'une est presque en ruine et les deux autres dans un état de simplicité qui ne fait pas suffisamment honneur à l'hôte du tabernacle. Dès le premier jour, la mission du jeune curé est pressentie, conçue et décidée : il a senti naître dans son cœur le zèle de la maison de Dieu, et ce zèle sera la passion de sa vie: *Zelus domus tuæ comedit me*. Frânois voit son chœur et sa nef s'enrichir

---

(1) Mort curé de Beaujeu

de boiseries de chêne rehaussées d'or, et Mont, cédant à l'émulation du bien, veut remplacer son humble et pauvre église par un sanctuaire qui rappellera aux générations futures le dévouement du peuple et du pasteur. Cette église, il la faut belle, de bon style et d'un goût parfait. M. Grésely se met à l'œuvre, il choisit l'architecte, étudie les plans, ajoute ou retranche, et bientôt on voit s'élever les murailles du nouveau temple. Les colonnes surgissent à leur tour, les arcs forment leurs courbes gracieuses, la voûte s'arrondit en tiers-point, les fenêtres laissent pénétrer la lumière par leurs baies aiguës, la tour élégante se couronne d'une flèche élancée qui porte à son sommet le signe divin de la rédemption. Quelle joie pour M. Grésely, mais aussi quel travail! Il ne s'était pas contenté d'admirer les progrès de l'œuvre, mais on l'avait vu, comme un simple ouvrier, la soutane couverte de poussière et de plâtre, mélanger l'eau à la chaux, tracer le profil des pierres, remuer des blocs encore informes, encourager de la voix, du geste, de l'exemple, et aussi, par ce qui donne du cœur à l'ouvrier, obtenir cet entrain qui supprime les lenteurs et hâte l'achèvement de l'œuvre. L'autel est placé, le saint sacrifice s'offre dans la nouvelle église, c'est une fête publique, c'est la joie du pasteur et du troupeau, joie sans mélange d'amertume. Mais le prêtre, le pasteur sait que la douleur est l'habitante la plus connue de ce monde, aussi il veut dans son église ces images qui, tout en rappelant les souffrances et la mort d'un Dieu, donnent au cœur ulcéré la résignation et la paix; il veut que les stations du chemin du Calvaire s'étalent sur la nudité de ces murs, afin que tous, dans leur affliction, viennent prier celui qui a dit en mourant: Mon père, pourquoi m'avez-vous abandonné? Son désir est réalisé. Pour cette œuvre comme pour l'église, M. l'abbé Grésely trouva une main généreuse sans cesse ouverte pour le bien, une âme dont la charité comme la douleur n'a point de bornes. Je ne la nommerai pas, car la récompense que Dieu réserve aux cœurs généreux est le seul prix qui puiss reconnaître dignement de pareils dévouements.

Il fallait encore une chaire digne du sanctuaire nouveau, digne de la parole de Dieu. Elle sera ornée de lacs et de rinceaux, de feuillages et d'arcatures délicates. Si le prêtre ici ne peut prendre le ciseau, il saura trouver l'artiste, et il fera hommage de cette merveille à son église ; son successeur pourra dire : « C'est ici que celui que nous regrettons vous parla pour la dernière fois. »

Les vœux du bon pasteur sont réalisés, il peut se reposer maintenant. Se reposer! mais ce n'est pas seulement à des temples de pierre qu'il doit donner ses soins ; il lui faut élever sans cesse des édifices spirituels dans le cœur et l'âme des enfants, les orner de vertus à mesure que ces derniers avancent dans la vie ; il lui faut rappeler les pécheurs, consoler les mourants, soutenir de ses aumônes ceux qui demandent à la charité le pain de chaque jour, dépenser sa vie en allant chaque dimanche offrir le saint sacrifice dans deux sanctuaires : quelles forces résisteraient à de pareilles fatigues?

Et encore, tout n'est pas fini pour les œuvres extérieures. Après avoir bâti au Dieu de paix une demeure qui atteste la foi de son peuple, il veut élever aussi un monument à sa divine Mère, à la vierge Marie, notre mère à tous. Ce pasteur est vraiment l'enfant de cette paroisse de Fontenois, où l'on a gardé dans tous les temps une dévotion si fidèle à la Consolatrice des affligés, dont la chapelle s'élève à l'entrée de la forêt prochaine (1).

Sur le chemin qui unit Frânois à Achey se trouve un coin de terre inculte. C'est là que M. l'abbé Grésely veut voir une statue de la sainte Vierge. Qui défrichera ce terrain, qui enlèvera ces blocs de pierre entassés? C'est lui-même. Travailleur infatigable, il partira chaque matin, la pioche et le pic sur l'épaule, portant à son bras, comme l'ouvrier des champs, la réfection du milieu du jour, et lorsqu'il aura travaillé avec ardeur, il prendra à l'ombre d'un buisson le modeste repas, puis récitera son bréviaire pour recommencer son travail avec plus de courage encore. En même temps, les socles se pro-

(1) Notre-Dame du Bois-Béni.

filent, s'ornent de moulures, et bientôt la statue de la bonne Mère se dresse souriante sur son piédestal gracieux. Quel nom donnera-t-on à cette image ? Il y a Notre-Dame de Pitié, Notre-Dame de Bon-Secours, Notre-Dame de Bonne-Encontre, Notre-Dame des Malades. Celle-ci s'élève au milieu d'un sol où passe et repasse sans cesse le soc de la charrue. A la saison du printemps et à celle de l'été, on voit le vent rouler en vagues tantôt vertes, tantôt dorées, les épis, espoir du laboureur. Aussi, ce sera *Notre-Dame des Moissons*; elle sera saluée par le travailleur, le pâtre et le voyageur, et quand les jeunes filles s'en iront, la faucille à la main, couper les épis d'or, elles s'arrêteront un instant devant la Vierge bénie et la salueront comme leur reine en disant : *Ave, Maria !* — *Notre-Dame des Moissons*, quelle heureuse appellation ! C'est que Marie est vraiment la moissonneuse céleste. Semblable à Ruth, qui glanait dans les champs de Booz, elle se baisse, toute bonne et toute compatissante, pour glaner les épis tombés au passage de la justice du Seigneur, puis elle les offre à la divine miséricorde. O gerbes divines destinées aux greniers célestes, épis recueillis par la bonté de Marie, vous nous donnez de douces espérances. Vierge Marie, *Notre-Dame des Moissons*, baissez-vous et emportez dans le séjour du bonheur cet épi tombé sous la faux de la mort !

II.

Mais, hélas ! tant de travaux ont épuisé les forces du curé de Mont ; sa santé, depuis longtemps ébranlée, s'affaisse chaque jour de plus en plus, et l'âme seule paraît soutenir ce corps fatigué. Si la tristesse semble envahir son cœur, rien n'en paraît au dehors ; son caractère a gardé le même calme ; son esprit, la même vivacité. Cependant, comme le laboureur qui voit à l'horizon le soleil descendre avant que le champ soit terminé, ce cher pasteur, voyant autour de lui une tâche inachevée, n'est point sans éprouver l'amertume des espérances déçues. Il revient aux lieux qui l'ont vu naître, et nous l'avons vu avec une joie bien douce prendre part, à Vauvillers, à la fête d'une première messe, et redire à ses amis quelques souvenirs d'enfance. Il prie dans cette église, revoit ces champs qui gardent dans un coin reculé le souvenir de sa première douleur, visite ses amis, ses parents toujours chers. Puis il dit adieu à tout et à tous, et il ajoute : Je reviendrai. Ah ! c'est vrai, mon cher confrère, vous êtes revenu, vous êtes là, mais immobile et sans voix ; personne désormais ne serrera votre main amie ; vos yeux ne peuvent plus contempler ces campagnes, cette église, cette foule qui vous honore de ses regrets. Mais votre âme n'est pas loin de nous, et elle se réjouit de se voir tant aimée par tous ceux qui vous entourent.

Avant ce dernier et triste voyage, mes frères, ce cher pasteur a goûté l'amertume des dernières douleurs et aussi les consolations que donne la foi. M. l'abbé Grésely, frappé par la maladie, souriait au milieu des défaillances de la nature ; il se disait sans espérance, alors qu'autour de lui on espérait encore : « Mes jours sont comptés, disait-il, il m'en reste peu à passer sur cette terre ; quand Dieu voudra, je partirai. » Il appelle auprès de lui son cher doyen de Champlitte, fait prévenir l'autorité diocésaine de sa propre situation, et demande un successeur pour continuer au milieu de son peuple l'œuvre de Dieu. A la nouvelle de la recrudescence du mal, son neveu bien-aimé et votre pasteur accourent auprès de son chevet. Ils représentaient bien tous deux l'affection et la douleur de la famille, l'affection et les regrets de toute cette paroisse. Ils le consolent, l'encouragent, puis détournent les yeux pour pleurer. Mais lui, dans toute la fermeté de son âme, répond à ces encouragements : Tout est fini ! Quel mot, mes frères ; avec quelle force ne retentit-il pas dans nos âmes ! Que vous ayez vécu peu de jours ou que votre vie ait été longue déjà, elle est bien triste cette parole, mais qu'elle est vraie et qu'elle le sera un jour pour vous tous : *Tout est fini!* Elargissez vos domaines, donnez carrière à votre ambition..., écoutez, voici l'heure : *Tout est fini!* Aurez-vous vécu victime des passions mauvaises, aurez-vous cherché les viles jouissances..., écoutez; sera-ce aujourd'hui, sera-ce demain?... *Tout est fini!* O prêtre, vous qui avez travaillé au salut de tous, y a-t-il de l'amertume pour vous dans ce mot?... Non, mes frères, et je comprends le calme avec lequel cette parole s'échappe de ses lèvres : C'est fini! Il a en effet tout prévu, tout fixé. Il a songé aux pauvres, à ses églises; rien n'a été oublié. Il n'a oublié ni Faucogney, ni Fontenois, ni ses trois sanctuaires. Songeant aux pauvres et connaissant bien le sang qui coulait dans ses veines, il dit : « Au jour de ma mort, on donnera aux pauvres de mon pays le pain qui soutient la vie et l'aumône qui réjouit le cœur ; mais n'importe, je donnerai encore. » Et il l'a fait. Puis, se souvenant que des cités se sont disputé le corps de ceux qu'elles aimaient, il ajoute : « En quel lieu dormirai-je mon dernier sommeil? Sera-ce à l'ombre de l'église que j'ai bâtie? Non, ce serait peut-être vanité. Sera-ce dans les cimetières champêtres d'Achey ou de Frânois? Qui décidera? je ne sais... Mais non, tout est décidé, je veux reposer au lieu où je suis né, dans ce champ du repos, non loin du cimetière où dans mon enfance, ne songeant guère à la mort, je jouais au milieu des tombeaux ; je reposerai au pied de la croix, et le soleil de midi amènera son ombre sur ma tombe. Cette tombe sera de granit, durable comme le souvenir que j'ai gardé de mon pays ; on y inscrira les noms de mon baptême, qui rappellent l'espoir du chrétien ; le nom de ma famille, qui redit l'honneur du foyer. On y gravera un calice, symbole de mon sacerdoce, calice de joie et d'amertume, et les trois mots qui suivront demanderont une prière pour mon âme. » Ainsi disait-il, et la mort approchait. Mais il a près de lui ce cher pasteur de vos âmes, dont la parole descend dans le cœur comme le baume sur une blessure ; il lui donne son Dieu pour le réconforter ; puis le pauvre malade, qui a oint si souvent les mains de ceux qui allaient mourir, tend à son tour ses mains presque glacées à l'onction qui fortifie et qui sauve. La mort semblait attendre. Dieu réservait à son serviteur une suprême consolation. Le nouveau curé de Mont-le-Frânois arrive (1). O bonté de la Providence ; il est attaché par les liens de l'amitié, de la famille et de la patrie, liens si doux et si forts, à votre propre pasteur, et le mourant peut dire : Entre la paroisse où je meurs et celle où je suis né, l'union affectueuse ne cessera pas... C'était la dernière joie. Les prières des agonisants se font entendre, la voix du mourant répond encore, puis se tait... On écoute... Priez pour l'âme retournée à son Créateur, vous qui avez voulu rester jusqu'au dernier moment; au nom de votre mère, sa sœur chérie, fermez-lui les yeux, il les rouvrira dans l'éternité.

Redirai-je, mes frères, la douleur de ses paroissiens? Non, le cortège que vous lui faites ici raconte assez la solennité et la tristesse des derniers adieux de là-bas. Les enfants, les mères, plus de deux cents hommes, un flambeau à la main, ont assisté à ses funérailles. Et, dans leur regret de ne point le voir reposer parmi eux, ils l'ont tous reconduit jusqu'au pied de cette statue de Notre-Dame des Moissons, et, après l'adieu suprême, tandis que le char funèbre s'éloignait, ses paroissiens regagnaient à pas lents leurs demeures, se retournant à chaque pas et ne cessant de pleurer. Bons habitants d'Achey, de Mont et de Frânois, vous reporterez bientôt sur le digne successeur que Dieu a donné à celui qui n'est plus votre affection et votre dévouement; ce sera remplir le vœu le plus cher de tout prêtre qui part pour l'éternité.

J'ai fini, mes frères. A la porte d'un cimetière de Rome, on lit ces mots : Pleurez sur le mort, car il se repose. Parole bien vraie autrefois, l'est-elle encore? Oui, on a pu dire : Pleurez sur le mort, car il est dur de se reposer quand on aime Dieu, il est dur de ne plus annoncer sa loi, de ne plus voir la grâce et l'innocence fleurir sur le front des enfants, de ne plus soutenir les pas chancelants dans la voie du bien. Mais, mon cher frère, mon ami, vous faites bien de vous reposer; vous êtes mort entouré

(1) M. l'abbé Perrot, ancien professeur au collège Saint-François-Xavier de Besançon.

de parents et d'amis : les prières, les onctions saintes, Dieu lui-même, vous ont aidé à franchir le terrible passage. Nous, qui vivons encore, quel sera notre sort? Vous avez entendu le premier vent de la tempête qui s'est élevée ; mais nous, n'en verrons-nous point la furie? Vous avez soutenu et guidé l'enfance, pourrons-nous la soutenir et la guider encore? Vous avez pu glorifier le Seigneur, pourrons-nous parler encore de sa gloire? Cher ami, ici vous reposerez en paix, aurons-nous un tombeau? Mais soyons sans crainte, si Dieu est avec nous, nous ne périrons pas. Comme le vent balaie les nuages, il fera disparaître l'orage de l'impiété, et nous mourrons en paix, et vous-même, cher confrère, cher condisciple, vous nous aiderez tous, prêtres et fidèles, à conquérir la récompense ; vous le ferez, car, vous le savez bien, tous nous vous aimions.

Ainsi soit-il.

BESANÇON, IMPR. DE J. JACQUIN.

www.ingramcontent.com/pod-product-compliance
Lightning Source LLC
Chambersburg PA
CBHW060634050426
42451CB00012B/2593